Schulausgabe

Zu diesem Titel sind
Ravensburger Materialien zur Unterrichtspraxis
erhältlich.

Nähere Informationen finden Sie
am Ende des Buches.

Leserabe

2. Lesestufe

TINO

Mein Freund, der Delfin

Mit Bildern von Eva Czerwenka

Ravensburger Buchverlag

Bibliografische Information Der Deutschen Bibliothek:

Die Deutsche Bibliothek verzeichnet diese Publikation
in der Deutschen Nationalbibliografie.
Detaillierte bibliografische Daten sind im Internet
über **http://dnb.ddb.de** abrufbar.

1 2 3   09 08 07

Ravensburger Leserabe
© 2006 für die Originalausgabe und © 2007 für die Schulausgabe
Ravensburger Buchverlag Otto Maier GmbH
Umschlagbild: Eva Czerwenka
Umschlagkonzeption: Sabine Reddig
Redaktion: Sabine Schuler
Printed in Germany
ISBN 978-3-473-38064-0

www.ravensburger.de
www.leserabe.de

Inhalt

Die Insel der Delfine

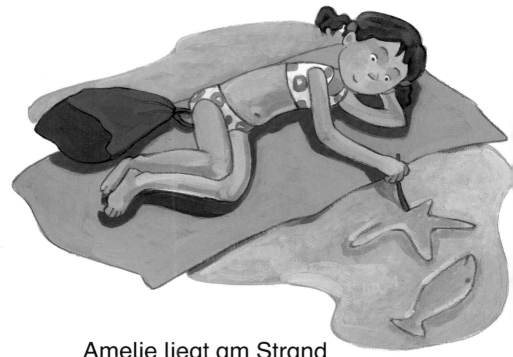

Amelie liegt am Strand
und lässt sich
die Sonne auf den Bauch
scheinen.
Sie träumt vor sich hin
und zeichnet Figuren in den Sand.

Sie sieht hinüber
zu der großen Insel.
Die Insel schimmert geheimnisvoll
im weiten blauen Meer.
Es ist die Insel der Delfine.
Amelie wäre gerne einmal dort.
Am liebsten mit ihrem Papa.
Amelies Vater hat
ein großes Motorboot.
Aber genau das ist das Problem.
Motorboote stören die Seetiere
vor der Insel.

Dort sind nur Segelschiffe und
Ruderboote erlaubt.
Die machen keinen Lärm.
Und sie haben
keine stinkenden Motoren.

„Ich komme nie auf
die Insel der Delfine",
sagt Amelie traurig.

Da sieht Amelie ein Schiff.
Es kommt direkt auf sie zu.
Aber das ist ja Papas Schiff!
Seltsam. Ob etwas passiert ist?
Amelie sieht zu,
wie Papas Schiff anlegt.
Dann läuft sie auf ihren Vater zu
und umarmt ihn.

„Warum kommst du heute so früh
nach Hause?", fragt Amelie.
Da erzählt Papa
eine traurige Geschichte.
„Ich habe etwas gefunden –
ein krankes Delfinweibchen.
Es trieb hilflos im Meer.
Und stell dir vor,
ein Delfinkind schwamm
neben seiner Mutter her.
Es ist seiner Mutter
nicht von der Seite gewichen."

Amelie sieht ihren Vater
mit großen Augen an.
„Ich habe natürlich
die Küstenwache gerufen",
fährt Papa fort.
„Sie haben die kranke Delfinmutter
ins Delfinarium gebracht.
Dort wird sie gepflegt.
Wenn sie wieder gesund ist,
darf sie zurück in die Freiheit."
„Und was ist
mit dem jungen Delfin?",
fragt Amelie besorgt.
Papa schüttelt traurig den Kopf.
„Er ist fort", sagt er.
„Wir wollten beide Delfine
ins Delfinarium bringen.

Zuerst haben wir
die kranke Delfinmutter
eingefangen.
Da ist der junge Delfin geflohen."
„Bestimmt hat er nicht verstanden,
dass man ihm helfen wollte",
sagt Amelie traurig.
Papa legt einen Arm
um Amelies Schulter.
Dann gehen sie
schweigend nach Hause.

Beim Abendessen
will Amelie fast nichts essen.
Mama und Papa können
Amelie nicht trösten.
Traurig geht sie zu Bett.

In der Nacht liegt Amelie
lange wach.
Sie denkt an den jungen Delfin.
Was er wohl gerade macht?
Und wie heißt er eigentlich?

Amelie sieht aus dem Fenster.
Das Meer ist dunkel und still.
Nur der Mond
wirft ein fahles Licht
auf die Insel der Delfine.
Dort in dem schwarzen Meer
ist irgendwo der junge Delfin.
Bestimmt ist er einsam
ohne seine Mutter, denkt Amelie.

Irgendwann schläft Amelie ein.
Sie träumt von der Insel der Delfine.
Sie träumt von einem Schiff
mit großen weiten Segeln.
Und sie träumt von Onno.
Von Onno, dem Delfin.
Jetzt weiß Amelie,
wie der junge Delfin heißt.

Onno, der Delfin

„Onno", flüstert Amelie,
als sie am nächsten Morgen
erwacht.
Amelie freut sich.
Das war ein schöner Traum.
„Ich gehe an den Strand",
sagt Amelie nach dem Frühstück
zu Mama und Papa.
Ihre Eltern schauen sich an.

Ob Amelie den Delfin
vergessen hat?
Von wegen,
Amelie hat nichts vergessen.
„Onno, Onno, Onno",
singt Amelie vor sich hin,
als sie zum Strand hinunterläuft.
Beim großen Leuchtturm
geht Amelie schwimmen.
Da schimmert etwas
auf dem Meeresgrund.
Amelie hält die Luft an und taucht.
Was ist das?

Eine Perle, eine Koralle
oder etwa eine Silbermünze?
Ohne Taucherbrille
kann Amelie es nicht erkennen.
Amelie greift danach.
Es ist ein kleiner Spiegel.
Na, so was!
Plötzlich bewegt sich etwas
im Wasser.
Amelie hat einen Begleiter!
Einen kleinen Delfin!
Vorsichtig stupst er Amelie
mit seiner Schnauze an.
Er will mit Amelie spielen.
Behutsam streicht Amelie
über die glatte Haut des Delfins.
Sie fühlt sich weich an.

Der kleine Delfin hat nichts
dagegen.
Allmählich geht Amelie
die Luft aus.
Gemeinsam schwimmen
Amelie und der Delfin nach oben.

Der kleine Delfin umkreist Amelie
und gibt seltsame Laute von sich.
Immer wieder stupst er
Amelie zutraulich an.

Ehe Amelie ihn berühren kann,
schwimmt er weiter.
Immer wieder.
Ganz klar, der kleine Delfin will
Fangen spielen.
Natürlich ist er viel schneller
als Amelie.
Aber er lässt Amelie
auch mal gewinnen.

Er bietet Amelie
seine Flosse an.
Amelie hält sich daran fest.
Schnell schwimmt der Delfin
mit Amelie davon.
Das macht Spaß!
Amelie ist ganz sicher,
dass der kleine Delfin Onno ist.
Amelie merkt nicht,
wie die Zeit vergeht.
Sie sieht auf ihre Uhr:
„Du lieber Himmel,
ich muss ja nach Hause."
Amelie watet ans Ufer.
Zum Abschied gibt sie Onno
Blinkzeichen mit dem Spiegel.
„Bis bald, Onno!"

Hai-Alarm!

Amelie und Onno spielen
fast jeden Tag miteinander.
Sie treffen sich beim Leuchtturm.
Amelie gibt Blinkzeichen
mit dem Spiegel.
Und schon ist Onno zur Stelle.

Manchmal bringt Amelie
einen Ball mit.
Den balanciert Onno
auf seiner Schnauze.
Eines Tages hat Amelie
etwas Besonderes dabei:
ihre Taucherbrille
und ihre Luftmatratze.
Onno ist noch nicht da.
Amelie legt sich
auf ihre Luftmatratze.
Sie setzt ihre Taucherbrille auf
und lässt sich im Meer treiben.

Mit dem Kopf unter Wasser.
Schön ist es hier.
Amelie sieht kleine bunte Fische.
Die Sonne scheint
auf ihren Rücken.
Die Zeit vergeht.

Wo Onno nur bleibt?
Da spürt Amelie ein Stechen
auf ihrem Rücken.
Bestimmt hat sie
einen Sonnenbrand!

Amelie blickt nach oben
und nimmt ihre Taucherbrille ab.
Amelie erschrickt.
Der Strand ist weit entfernt.
Die Luftmatratze schaukelt auf den
Wellen.

Und der Wind treibt sie
immer weiter hinaus
auf das große Meer!
Amelie hat Angst.
Verzweifelt paddelt sie
gegen die Strömung an.
Sie kommt nur langsam vorwärts.
Da lässt sich Amelie
ins Wasser gleiten.
Mit den Armen hält sie sich
an der Luftmatratze fest.
Mit den Beinen macht sie
kräftige Schwimmstöße.
So kommt sie besser voran.
Ob ihre Kraft bis zum Ufer reicht?
Da sieht Amelie eine Flosse
im Wasser.

Sie schießt direkt auf Amelie zu.
Es ist die Flosse eines Hais!
Amelies Herz klopft.

Sie versucht
noch schneller zu schwimmen.
Ich schaffe es nicht, denkt Amelie.
Sie schluckt Wasser.
Ekliges salziges Meerwasser.
Die Flosse kommt näher.
Amelie schließt die Augen.

Da spürt sie einen Stoß.

Jetzt ist alles aus, denkt Amelie.

Sie öffnet die Augen –

und blickt in Onnos Gesicht!

Es war nicht die Flosse

eines Hais,

es war Onnos Flosse!

Amelie ist erleichtert.

Ein Glück, dass Onno da ist.

„Ohne deine Hilfe

schaffe ich es nicht ans Ufer",

sagt sie.

Onno scheint sie zu verstehen.

Langsam schwimmt er

neben Amelie her.

Jetzt kann sich Amelie

an Onnos Flosse festhalten.

Amelie hat keine Angst mehr.
Sie fühlt sich geborgen.
Auf Onno
kann sie sich verlassen.
Sie nähern sich dem Ufer.
Mit letzter Kraft
watet Amelie an Land.

Amelie ist erleichtert.
Onno hat sie gerettet!
„Bis morgen, Onno!", ruft Amelie.
Der junge Delfin springt nochmals
in die Luft.
Dann taucht er unter.

Onno ist verschwunden

Am nächsten Morgen
wartet Amelie vergebens auf Onno.
Sie läuft am Strand auf und ab.
„Onno! Onno!", ruft Amelie
verzweifelt.
Sie gibt Blinkzeichen
mit ihrem Spiegel.
Sie sucht das Meer
mit den Augen ab.
Doch Onno ist spurlos
verschwunden.

Onno wird nicht mehr kommen.

Das spürt Amelie.

Sie möchte nach Hause laufen.

Da begegnet ihr Papa.

„Stell dir vor, Amelie", sagt Papa,

„die Delfinmutter ist wieder gesund.

Wir haben sie heute

in die Freiheit entlassen."

Jetzt weiß Amelie,

warum Onno verschwunden ist.

Er ist seiner Mutter

zur Insel der Delfine gefolgt.

Genau einen Tag
vor Amelies Geburtstag!
Amelie fühlt sich
sehr einsam.

Alles ist gut

Amelie bläst die Kerzen
auf ihrem Geburtstagskuchen aus.
„Jetzt hast du einen Wunsch frei",
sagt Mama.
„Aber du darfst ihn nicht verraten."
Amelie lächelt.
Sie hat einen schönen Wunsch:
Sie will Onno wiedersehen.

Ob sich dieser Wunsch
erfüllen wird?
Schließlich können ihre Eltern
nicht zaubern.
So ein trauriger Geburtstag,
denkt Amelie.
„Also gut", sagt Papa plötzlich.
„Dein Wunsch soll in Erfüllung
gehen."
„Überraschung!", ruft Mama.
Amelie sieht ihre Eltern fragend an.
Woher sollen sie wissen,
was sie sich gewünscht hat?
Können ihre Eltern etwa
Gedanken lesen?
„Was für eine Überraschung?",
fragt Amelie.

„Vielleicht findest du sie
am Strand?",
sagt Papa geheimnisvoll.
Mama zwinkert Amelie zu.
Ist Onno wirklich wieder da?
Erwartungsvoll rennt Amelie
hinunter zum Leuchtturm.

Sie macht Blinkzeichen
mit dem Spiegel.
Aber Onno kommt nicht.
Enttäuscht setzt sich Amelie
in den Sand.

Auf einmal sieht sie
in der Ferne etwas.
Ein Segelschiff!
In voller Fahrt schießt
das weiße Schiff
über das blaue Meer.
Am Steuer steht Papa.
Er winkt Amelie zu.
„Willst du mitfahren
zur Insel der Delfine?",
ruft er Amelie zu.
Und ob Amelie das will!
Das also ist die Überraschung:
Papa hat ein Segelschiff gemietet!
Nur wegen Amelies Geburtstag.
Amelie ist glücklich.
Sie wird Onno wiedersehen!

Mit geblähten Segeln
fährt das Schiff über das Meer.
Und wenn die Delfine
nicht mehr da sind?,
überlegt Amelie.
Amelie hat ihren Spiegel dabei.
Sie hält ihn in die Sonne.
Da sieht sie einen Delfin.
Er springt aus dem Wasser.
„Sieh mal, Papa!", ruft Amelie,
„da ist Onno!"

Onno schwimmt dem weißen
Segelschiff entgegen.
Wie schnell Onno ist!
Übermütig umkreist er das Schiff.
Dabei springt er in die Höhe.
Amelie hat den Ball dabei.
Sie wirft Onno den Ball zu.
Geschickt balanciert Onno
den Ball auf seiner Schnauze.
Dann schleudert er ihn zurück
an Bord.

Amelie fängt ihn lachend auf.
Andere Delfine tauchen auf.
Da ist auch Onnos Mutter.
Die Delfine schwimmen Onno
hinterher.
Er führt den Schwarm
der Delfine an.
Immer wieder springen
die Delfine aus dem Wasser.

Sie begleiten Amelies Schiff.
Amelie steht am Heck
des Schiffes.
Über ihr ist der blaue Himmel.
Amelie schließt die Augen.
Sie spürt die Sonne
auf ihrem Gesicht.
Die klare Seeluft bläst ihr
um den Kopf.
„Onno ist wieder da",
flüstert Amelie.
Genau wie in ihrem Traum!
Dieser Augenblick soll
niemals enden, denkt Amelie.

TINO wurde 1962 in Augsburg geboren. Als kleiner Junge wollte er zuerst Clown und später Musiker werden. Doch dann machte er eine Ausbildung zum Erzieher und studierte Sozialpädagogik. Seit 1990 ist er freiberuflich als Autor tätig. Manche seiner Bücher hat er auch selbst illustriert.

Er wohnt mit seiner Frau und seinem Sohn Janik in der „Villa Wundertüte" in der Nähe von Karlsruhe. Und wenn er nicht dort ist, reist er durch die Welt oder liest an Schulen aus seinen Büchern. Im „Leseraben" sind u. a. von ihm erschienen: „Das Krokodil mit den Turnschuhen" und „Feuerwehrgeschichten".

Eva Czerwenka, geboren 1965 in Straubing, hat schon als Kind gern gemalt und mit großer Begeisterung ihre Schulhefte illustriert. Am liebsten zeichnete und modellierte sie Tiere: Hunde, Schweine, Pferde, Krokodile und natürlich auch Delfine! Und weil sie das so gut konnte, studierte sie Bildhauerei an der Kunstakademie in München und schloss mit dem Diplom ab. Seitdem arbeitet sie als freischaffende Bildhauerin und Illustratorin und hat schon viele schöne Bilder für Kinderbücher gemalt.

Leserätsel
mit dem Leseraben

Super, du hast das ganze Buch geschafft!
Hast du die Geschichte ganz genau gelesen?
Der Leserabe hat sich ein paar spannende
Rätsel für echte Lese-Detektive ausgedacht.
Mal sehen, ob du die Fragen beantworten
kannst. Wenn nicht, lies einfach noch mal
auf den Seiten nach. Wenn du die richtigen
Antwortbuchstaben in die Kästchen auf Seite 42
eingesetzt hast, bekommst du das Lösungswort.

Fragen zur Geschichte

1. Was ist mit dem kranken Delfinweibchen
geschehen, das Amelies Vater im Meer
gefunden hat? (Seite 9)
  I : Es wurde von der Küstenwache ins
     Delfinarium gebracht.
  A : Amelies Vater hat es mit nach Hause
     genommen.

2. Was findet Amelie beim Tauchen? (Seite 16)
  M: Eine Silbermünze.
  N : Einen kleinen Spiegel.

3. Wer rettet Amelie draußen auf dem Meer?
(Seite 26/27)
P: Ihr Vater kommt mit seinem Motorboot.
S: Onno rettet sie.

4. Warum ist Onno vermutlich verschwunden?
(Seite 30)
E: Er ist seiner Mutter zur Insel der Delfine
gefolgt.
U: Er ist auch ins Delfinarium gebracht
worden.

5. Wo sieht Amelie Onno wieder? (Seite 36)
B: Sie trifft ihn am Strand.
L: Sie fährt mit ihrem Vater in einem Segel-
schiff zur Insel der Delfine und sieht dort
Onno wieder.

Lösungswort:

1	2	3	4	5

Rabenpost

Super, alles richtig gemacht! Jetzt wird es Zeit für die RABENPOST.
Schicke dem LESERABEN einfach eine Karte mit dem richtigen Lösungswort. Oder schreib eine E-Mail.
Wir verlosen jeden Monat 10 Buchpakete unter den Einsendern!

An den LESERABEN
RABENPOST
Postfach 20 07
88190 Ravensburg
Deutschland

leserabe@ravensburger.de
Besuche mich doch mal auf meiner Webseite:
www.leserabe.de

Ravensburger Bücher vom Leseraben

1. Lesestufe für Leseanfänger ab der 1. Klasse

ISBN 978-3-473-**36178**-6 ISBN 978-3-473-**36179**-3 ISBN 978-3-473-**36164**-9

2. Lesestufe für Erstleser ab der 2. Klasse

ISBN 978-3-473-**36169**-4 ISBN 978-3-473-**36067**-3 ISBN 978-3-473-**36184**-7

3. Lesestufe für Leseprofis ab der 3. Klasse

ISBN 978-3-473-**36177**-9 ISBN 978-3-473-**36186**-1 ISBN 978-3-473-**36188**-5

www.ravensburger.de / www.leserabe.de

ERZ_06_009

Ravensburger

Ravensburger Bücher vom Leseraben

Lesespaß für Leseprofis ab der 3. Klasse

ISBN 978-3-473-**36024**-6

ISBN 978-3-473-**36069**-7

ISBN 978-3-473-**36022**-2

ISBN 978-3-473-**36023**-9

ISBN 978-3-473-**36091**-8

ISBN 978-3-473-**36052**-9

ISBN 978-3-473-**36187**-8

ISBN 978-3-473-**36176**-2

ISBN 978-3-473-**36010**-9

www.ravensburger.de / www.leserabe.de

Ravensburger Materialien zur Unterrichtspraxis

- handlungsbezogen
- produktionsorientiert
- fächerverbindend

Ravensburger Materialien zur Unterrichtspraxis – früher unter dem Namen Ravensburger Arbeitshilfen – werden seit 1987 zu ausgewählten Kinder- und Jugendbüchern des Verlages hergestellt. Das Angebot umfasst derzeit über fünfzig Titel und wird ständig erweitert.

Ravensburger Materialien zur Unterrichtspraxis sind eine wertvolle Hilfe zur Unterrichtsvorbereitung – sowohl im Fach Deutsch als auch in benachbarten Fächern wie Religion, Ethik, Geschichte oder Sozialkunde. Nutzen Sie die vielen Pluspunkte der Ravensburger Materialien zur Unterrichtspraxis:

- von LehrerInnen für LehrerInnen entwickelt
- im Unterricht erprobt
- orientiert an den Lehrplänen der Länder
- mit Kopiervorlagen für Arbeitsblätter
- interessante Begleitmaterialien wie Lesehefte oder Spielpläne

Ravensburger Materialien zur Unterrichtspraxis tragen durch einen vielseitig-kreativen Umgang mit Büchern dazu bei, die Lust am Lesen frühzeitig anzuregen, zu fördern und zu verstärken.

Nutzen Sie die Möglichkeit des kostenlosen Downloads unter unserer Internetadresse **www.ravensburger.de** oder bestellen Sie die Materialien über den Buchhandel zum Preis von 4,95 €.

Ravensburger Buchverlag
Pädagogische Arbeitsstelle
Postfach 1860

88188 Ravensburg